BUSCADOR INVESTIGADOR NAZARENO

Manual para Primero y Segundo Grado (edades 6 y 7 años) del Programa Nazareno de Caravana

EQUIPO CREATIVO

Kathleen Johnson, Twila Freeman, Becky Pounds, Dottie Smith

Suzanne M. Cook, *Editor*
Kathy Lewis, *Editor*
Stephanie D. Harris, *Editor Asociado*
Beula J. Postlewait, *Editor Ejecutivo de Ministerio de Niños*
Lynda T. Boardman, *Director de Ministerio de Niños*
David W. Graves, *Editor jefe*
Blaine A. Smith, *Director de WordAction*
C. Hardy Weathers, *Publicista*
Yadira Morales Alfonso, *Traductora*
Nixon Lima, *Maquetador*

Todas las anotaciones, a menos que se hayan indicado, fueron tomadas de la Santa Biblia, Nueva Versión Internacional (NVI). Derechos Reservados © 1973, 1978, 1984 por la Sociedad Bíblica Internacional. Usado con permiso de Casa de Publicaciones Zondervan. Todos los derechos reservados.

Caravan Searcher Quester Student book
Copyright © 2004
Published by WordAction Publishing Company
A division of Nazarene Publishing House, Kansas City, Missouri 64109 USA
This edition published by arrangement with Nazarene Publishing House

Publicado por: Ministerios de Discipulado de la Región de Mesoamérica
www.discipulado.MesoamericaRegion.org
www.MieddRecursos.MesoamericaRegion.org
Copyright © 2018 - All rights reserved
ISBN: 978-1-63580-088-3

Todos los versículos de las Escrituras que se citan son de la Biblia NVI a menos que se indique lo contrario.

Impreso en EE.UU.

No se permite la reproducción de este material si fines comerciales, únicamente para ser utilizado para discipulado en las iglesias.

CONTENIDO

CARAVANA BUSCADOR INVESTIGADOR 3

YO CREO 5

Insignias de Investigadores

Insignias Físicas
- Seguridad en Bicicleta 8
- Manualidades 13
- Dios me hizo 18

Insignias Sociales
- Hijo del Rey 23
- Planificación de Fiestas 28
- Buen Deporte 33

Insignias Mentales
- Cocina 38
- Banderas 43
- Música 46

Insignias Espirituales
- La Biblia 51
- Mayordomía 56
- Misiones 61

Insignias al Aire Libre
- Acampar 66
- Excursión 71
- Medio Ambiente 76

ABC de SALVACIÓN 81

Buscador Investigador

 Seguridad de Bici
 Manualidades
 Dios me hizo
 Hijo del Rey
 Planificando Fiestas

 Buen Deporte
 Cocina
 Bandera
 Música
 La Biblia

 Mayordomía
 Misiones
 Acampar
 Excursión
 Medio Ambiente

¡HOLA!

Me llamo **Buscador,** y soy un sabueso. Me verás mucho durante tu año como Buscador Investigador. Primero, vamos a aprender la promesa del Buscador.

> *Un Buscador de Caravana es honesto y perdonador, servicial y bueno, cariñoso y leal, sincero y amable.*

¡GENIAL! ahora vamos a tratar el lema del Buscador:

> *"Confía en el Señor con todo tu corazón y no te apoyes en tu propio entendimiento, en todos tus caminos, reconócelo, y él enderezará tus veredas"* (Proverbios 3:5,6).

¡BUEN TRABAJO! ¡Ahora vamos a empezar!

Soy un Buscador *Investigador*

Mi nombre es: _____

Soy especial. Nadie más tiene mis huellas digitales.

Instrucciones: Presiona tus dedos uno a la vez en una almohadilla de tinta, e imprime tus huellas dactilares en las casillas correspondientes.

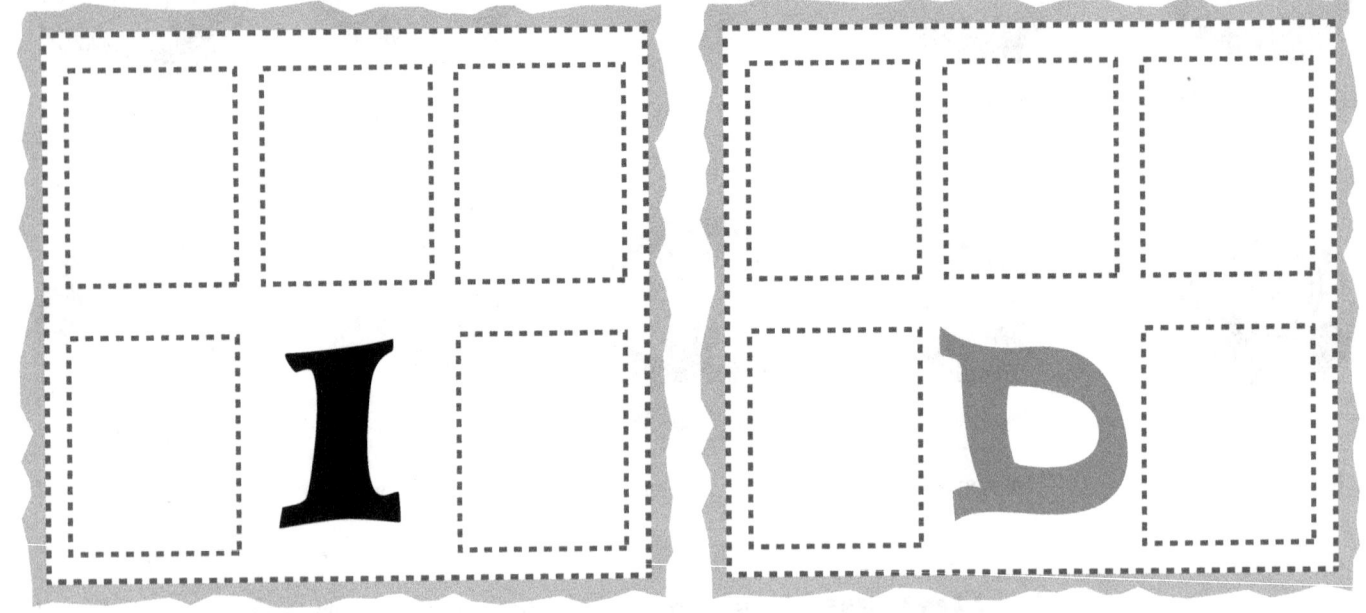

Muéstrale a tu guía que puedes hacer la señal de la Caravana.

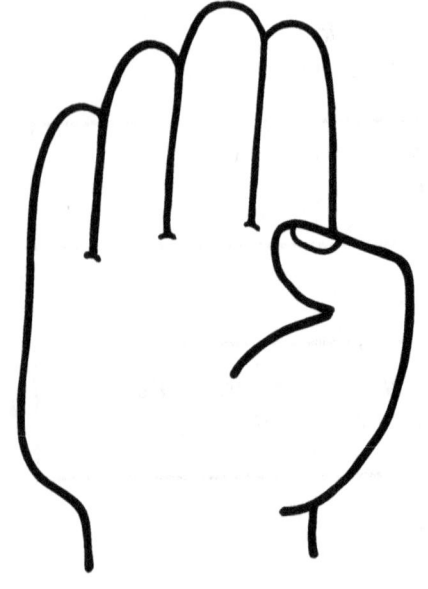

Esta señal significa

Pon un círculo alrededor de las dos palabras correctas.

Alto   Ignora

Adelante   Escucha

YO PUEDO DECIR...

1. .... El lema de la Caravana.

2. .... La promesa de la Caravana

3. .... El juramento a la bandera nacional.

"Yo Creo" del Investigador

Aprende las respuestas a todas las preguntas.

Dios

Pregunta: ¿Por cuánto tiempo ha vivido Dios?
Respuesta: Dios siempre ha vivido y nunca va a dejar de vivir.

Pregunta: ¿Cómo aprendemos acerca de Dios?
Respuesta: Nosotros aprendemos acerca de Dios en la Biblia y de todo lo que Él ha hecho.

Pregunta: ¿Por qué no podemos ver a Dios?
Respuesta: No podemos ver a Dios porque Él es un Espíritu.

La Biblia

Pregunta: ¿Quién escribió la Biblia?
Respuesta: La Biblia fue escrita por hombres que fueron inspirados por el Espíritu Santo.

Pregunta: ¿Cómo se agrupan los libros de la Biblia?
Respuesta: Los 66 libros de la Biblia se agrupan en dos grupos, llamados el Antiguo y Nuevo Testamentos.

Pregunta: ¿Por qué debemos estudiar la Biblia?
Respuesta: Nosotros estudiamos la Biblia, ya que nos ayuda a conocer a Dios y cómo Él quiere que vivamos.

Pecado y Salvación

Pregunta: ¿Qué pasaría si dejamos que el pecado permanezca en nuestras vidas?
Respuesta: Si el pecado permanece en nuestras vidas, no podemos vivir para Dios o estar con Él después que muramos.

Pregunta: ¿Cómo entró el pecado en el mundo?
Respuesta: El pecado vino al mundo cuando Adán y Eva desobedecieron a Dios.

Pregunta: ¿Qué ha hecho Dios para salvarnos de nuestros pecados?
Respuesta: Dios envió a su Hijo, Jesucristo, para salvarnos del pecado.

Jesús, Nuestro Salvador

Pregunta: ¿Cómo nos salva Jesús de nuestros pecados?
Respuesta: Jesús murió en la cruz por nuestros pecados.

Pregunta: ¿Qué pasó el tercer día después de que Jesús murió?
Respuesta: El tercer día, Jesús resucitó de entre los muertos. Durante un período de cuarenta días, fue visto por muchos, luego se fue al cielo.

Pregunta: ¿Dónde está Jesús ahora?
Respuesta: Jesús está en el cielo intercediendo (habla con Dios) por nosotros y preparando un lugar para todos los que han sido salvos.

Vida Cristiana

Pregunta: ¿Cómo podemos seguir viviendo una vida cristiana?
Respuesta: Podemos vivir una vida cristiana confiando en Dios y obedeciendo sus mandamientos.
Pregunta: ¿Cuáles son algunas cosas que podemos hacer para ayudarnos a vivir una vida cristiana?
Respuesta: Leer nuestra Biblia, orar y asistir a la iglesia nos ayudará a vivir una vida cristiana.
Pregunta: ¿Qué sucede con los cristianos cuando mueren?
Respuesta: Cuando los cristianos mueren, se van a vivir con Jesús en el cielo.

La Iglesia

Pregunta: ¿Qué tarea especial le dio Jesús a la Iglesia?
Respuesta: Jesús dio a la Iglesia la especial tarea de ser sus testigos ante todo el mundo.

Pregunta: ¿Cómo planeó Dios que apoyáramos nuestra iglesia?
Respuesta: Dios planeó que apoyáramos nuestra iglesia a través de los diezmos y las ofrendas.

Pregunta: ¿Cuáles son los sacramentos dela Iglesia del Nazareno?
Respuesta: Los dos sacramentos de la Iglesia del Nazareno son el Bautismo y la Cena del Señor.

Seguridad en Bici

"Si me amáis, guardad mis mandamientos."
(Juan 14.15)

Obedeciendo las leyes que nos mantienen a salvo.

USA EL SENTIDO COMÚN

Instrucciones: Circula los ejemplos de los niños que no practican la seguridad en bicicleta. Discute cada violación de seguridad con tu grupo Buscador. Después, colorea la escena.

PROTEGE TU CABEZA

Circula el cubrecabezas correcto para andar en bicicleta.

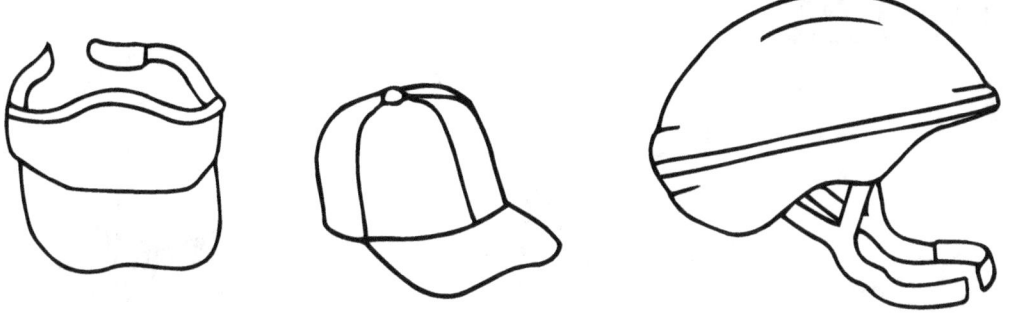

PARTES DE UNA BICICLETA

Pedal
Cadena
Freno delantero
Horquilla

Freno trasero
Asiento
Cable de freno
Poste de asiento

Protector de cadena
Rueda de cadena
Llanta
Rueda

Aprende las señales de mano y practícalas.

Detenerse o Reducir Velocidad

Doblar a la Derecha

Doblar a la Izquierda

SEÑALES DE TRÁFICO

¿Qué significan estas señales?
Dibuja una línea para conectar los signos
con sus significados.

Personas cruzando la calle.

Pare

No doblar a la derecha

No doblar a la izquierda

Una sola vía

Ferrocarril

Cruce

No bicicletas

Ceda el paso

Adelante

Cuidado, las luces están cambiando.

Ruta de bicicletas.

Pare

REGLAS DE LA BICI

Completa estas oraciones.

1. Usa las señales _____.
2. Obedece las _____ de tráfico.
3. _____ en tu bicicleta por las calles.
4. Pasea en una fila _____.
5. Mantén puestas las _____.
6. No _____ doble.
7. No hagas _____.
8. No aferrarse a _____ o _____ al andar en bicicleta.

CAJA DE PALABRAS

Pasees
Individual
Manos
Pasea
Señales
Camiones
Correctas
Acrobacias
Coches

JUAN 14.15

mis guardad me amais si MANDAMIENTOS

"___ ___ ___ _____, _____
___ ___ _____ ___ ___." (Juan 14:15)

BONIFICACIÓN: Haz arreglos para un desfile de bicicletas. Decoren sus bicicletas, y llévalos al estacionamiento de la iglesia. Planea tener premios para el diseño más bonito, el más divertido, más creativo, etc. Después del desfile en bicicleta, hacer un picnic.

manualidades

"Lo ha llenado del espíritu de Dios, de sabiduría, inteligencia y capacidad creativa."
(Éxodo 35.31)

Usa tus dones creativos para honrar a Dios.

Un artista para Dios

"Y lo ha llenado del espíritu de Dios, de sabiduría, inteligencia y capacidad creativa." (Éxodo 35.31)

¿Alguna vez has oído hablar de Bezalel (Be-za-lel)? Probablemente no. Él no era un rey. No era un soldado. No era una persona que hablaba en nombre de Dios. Pero era muy importante para Dios. Bezalel era un artista. Dios le dio habilidad en todo tipo de artesanías. Él sabía cómo trabajar con el oro y la plata. Trabajó con madera y joyas. Así que Dios le pidió decorar el tabernáculo. Y Bezalel usó sus talentos para ayudar a otros a adorar a Dios.

¿Te gusta dibujar y colorear? ¿Te gusta la arcilla? ¿Se ríe tu familia de tus dibujos? Utiliza estos regalos para Dios! Dios necesita artistas también.

Pregúntate: ¿Quién fue Bezalel? ¿Cómo puedo usar el arte para alabar a Dios?

Puedo honrar a Dios a través de mis talentos creativos en...
_____
_____
_____

ROMPECABEZAS CON PALITOS ARTESANALES

Estos rompecabezas son fáciles y divertidos de hacer. Son también un ejemplo de arte práctico que puedes utilizar más adelante o dar a otra persona.

Reúna los elementos:
- Palitos anchas de madera
- Marcadores
- Cinta adhesiva

PARA HACER:

1. Coloca los palitos lado a lado hasta que tenga el ancho de rompecabezas deseado.
2. Pon cinta adhesiva completamente a través de la línea de palitos de madera. Pega alrededor de una pulgada hacia abajo desde la parte superior y una pulgada desde la parte inferior.
3. Gira los palos, y utiliza marcadores para

dibujar y colorear cualquier imagen o escena sobre los palitos de madera.
4. Gira los palos y quita la cinta.
5. Mezcle los palitos de madera, luego arma el rompecabezas junto de nuevo.
6. Almacena en bolsas ZIPLOC por separado.

UNA ARTESANÍA PARA COMPARTIR

PASO 1: Un Tarro Pintado

Reúna los elementos:

- Un frasco Mason de vidrio limpio (o frasco de tamaño similar)
- Papel
- Lápiz
- Cinta
- Una camisa de pintura
- Pinturas acrílicas
- Pinceles

PARA HACER:

1. Usa el lápiz para dibujar un diseño que desees pintar en tu frasco.
2. Corta el diseño y pégalo en el interior del frasco.
3. Ponte una camisa de pintura para proteger tu ropa.
4. Pinta el patrón en el frasco, siguiendo el diseño en el papel dentro de la jarra.

Paso 2: Mezclando algunos frutos secos.

Sigue la receta mezcla de frutos secos.

Cuando hayas terminado, llena el frasco con la mezcla y dale a alguien especial.

RECETA:

Pon un recipiente grande en el centro de una mesa. Deja que los niños te ayuden a verter M & M, pequeños pretzels, pasas, maní, cereales Crispix y banana chips. Ajusta las cantidades de cada artículo por el número de niños que tienes en tu grupo. Revuelve y coloca en los frascos de los niños.

Haz una tarjeta con una nota personal y añádela a los frascos.

Flores y Hojas Machacadas

Haz un arreglo con hojas y flores en una hoja blanca de papel de construcción. Pon las flores "boca abajo" en la página, y poniendo el lado de la vena de las hojas hacia abajo. Pega tu arreglo en su sitio. Cubre con un trozo de papel plástico y pégalo en su lugar en el lado de abajo del papel. Coloca el papel con el arreglo preparado en el suelo o en una superficie sólida designada, y utiliza un martillo o mazo para romper las flores y las hojas, hasta dejarlas planas. Cuando hayas terminado, retira con cuidado la envoltura de plástico y las piezas sueltas de las flores y hojas. Deja que las piezas restantes de las flores y las hojas se sequen antes de retirarlo.

Nota: Más adelante puedes enmarcar la impresión de tu arreglo de hojas y flores para colgarlo.

Arte de arena

Usa marcadores para dibujar una imagen en papel de construcción. Luego, agrega pegamento a las áreas específicas de la imagen en la que te gustaría agregar arena. Sostén la imagen a través de un contenedor de arena, y rocía arena en las zonas con pegamento en tu imagen. Sacude el exceso de arena, y deja que el pegamento se seque.

Amigos Roca

Selecciona una roca de aspecto amigable. Decide cómo deseas decorar tu roca. Agrega pelo hilado, rasgos faciales, y cualquier otro detalle que te gustaría. Asigna un nombre a tu nuevo Amigo Roca.

ÉXODO 35-31

"Lo ha llenado del espíritu de Dios, de sabiduría, inteligencia y capacidad creativa."

¿Cuáles son tus manualidades favoritas? ¿Cómo puedes usar tu talento para Dios? Con el título "Artesanía" crea un poema sobre tu arte favorito.

BONIFICACIÓN
Las manualidades también pueden ser objectos re-utilizados. Haz camisetas teñidas! Tu guía tiene las instrucciones!

Dios me Hizo

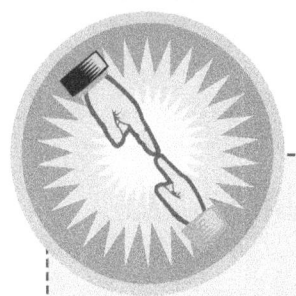

"¡Te alabo porque soy una creación admirable!"
Salmos 139.14a

Dios me hizo y soy especial.

EL CORAZÓN DE TU SORPRENDENTE CUERPO"

Cuando Dios diseñó el cuerpo humano, Él tenía un plan increíble. ¿Sabías que el corazón late cerca de 2.8 mil millones de veces y bombea 179 cuartos de sangre durante todo el tiempo promedio de vida? Eso es increíble! El corazón bombea la sangre por las venas mediante latidos rítmicos. El número de veces que tu corazón late en un minuto, se llama frecuencia cardiaca.

Deja que tu guía te ayude a encontrar tu pulso. La muñeca y el cuello son buenos lugares para verificar. Cuenta el número de veces que sientes el latido de tu pulso durante 15 segundos. Para encontrar tu pulso, multiplica ese número por cuatro, y escríbelo aquí.

_____

El promedio de pulsaciones para la mayoría de los adultos es de entre 60 y 80. "El promedio de pulsaciones para la mayoría de los niños varía de 80 a 140. ¿Tú pulso está en el rango "normal"? Cuenta el pulso de alguien más, y escríbelo aquí.

_____

¿Es el tuyo mayor o menor?

Toma un paseo con tu grupo Investigador. Lleva un cuaderno y un lápiz. Escribe sobre cosas que veas, huelas, oigas, toques y pruebes. (**NOTA:** No comas nada a menos que tu guía te de permiso para hacerlo.) Cuando regreses al aula, compara tu lista con las listas de los demás en tu grupo.

LOS CINCO SENTIDOS Y UN MANÍ

Tienes cinco sentidos: vista, oído, olfato, gusto y tacto. Los cinco sentidos son herramientas importantes para aprender sobre tu mundo. Para conocer más sobre los cinco sentidos, echemos una mirada muy de cerca a un cacahuete (maní).

1. VISTA: ¿De qué color es el maní? _____

2. TACTO: ¿Cómo se siente la cubierta? _____

3. OLFATO: ¿Cómo huele el maní? _____

4. OÍDO: Abre el cacahuete. ¿Cómo suena? _____

5. GUSTO: Come un cacahuete. ¿A qué sabe? _____

TU INCREÍBLE LENGUA

¿Cómo tu lengua te ayuda a reconocer los diferentes gustos?

Tu lengua está cubierta de pequeñas protuberancias llamadas PAPILAS (PA-PI-LAS).

Mira tu lengua en un espejo. ¿Puedes ver las PAPILAS?

Cada uno de esas pequeñas PAPILAS contiene de 50-100 sensores del sabor.

¡La persona promedio tiene alrededor de 10.000 papilas gustativas!

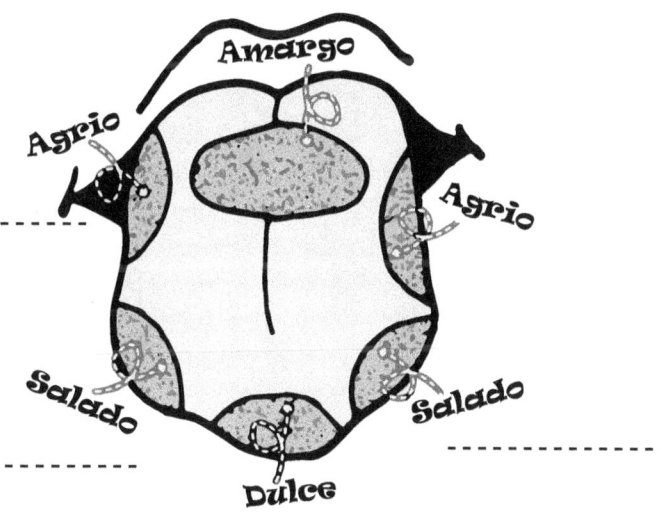

Haz la prueba de sabor que tu guía ha preparado para ti. Escribe en el diagrama de la lengua los alimentos que saboreas con las partes amarga, agria, dulce, salada, de la lengua.

LA NARIZ SABE

¿Sabías que la nariz te ayuda a saborear los alimentos? Haz la prueba de gusto y olfato que tu guía ha creado. Escribe tus respuestas sin hablar con nadie.

¿De qué sabor es la bebida Roja?
_____

¿De qué sabor es la bebida Verde?
_____

¿De qué sabor es la bebida Amarilla?
_____

¿De qué color es la bebida anaranjada?
_____

Discute tus respuestas con tu grupo Investigador. ¿Todos tienen las mismas respuestas?

¿Qué otro sentido te ayudó a decidir los sabores?
_____

HECHO: Todas las cosas que huelen, desprenden moléculas de olor. El pelo de tu nariz aviva estas moléculas e informa a tu cerebro que olor es.

¡LOS OJOS LO TIENEN!

¿Sabías que la vista es la forma No.1 con la que aprendemos sobre nuestro mundo? Y la mayoría de las personas (dos de tres) dicen que la vista es el sentido más importante. Mira los ojos de los otros buscadores de tu grupo. Anota el número de personas con cada color de los ojos.

cafés _____   verde _____

azul _____   gris _____

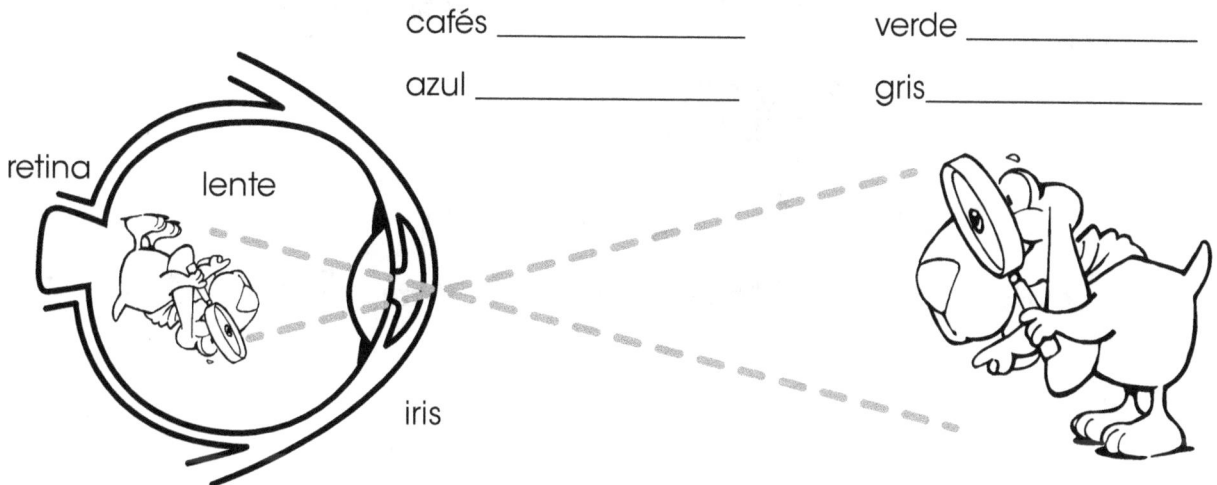

Cuando el ojo ve un objeto, está al revés en tu retina. Tus nervios envían un mensaje con imagen al cerebro, y tu cerebro gira la imagen correctamente hacia arriba.

MÚSICA PARA MIS OÍDOS

¿Cómo funcionan tus oídos?
Ellos actúan como embudos para recoger las ondas de sonido. Estudia el diagrama, luego, haz un experimento que te permita sentir las ondas de sonido.

Para hacer: Infla un globo tan lleno como haga falta, y átalo. Sostén el globo sin apretarlo entre tus manos. Párate frente a un CD o un reproductor de casete, y que tu guía reproduzca música de alabanza con un ritmo claro. ¿Qué sientes? ¿Puedes sentir las ondas más o menos claras si inflas el globo sólo en parte?

TACTO

El órgano del cuerpo usado para el tacto es la piel. Algunas secciones de la piel son más sensibles que otras al tacto. Pero las yemas de tus dedos son las más sensibles de todas.

Mi Paseo Tocando...

	Mojado	Seco	Áspero	Liso	Caliente	Frío	Duro	Blando
1.								
2.								
3.								
4.								
5.								
6.								

Toma un paseo tocando en o alrededor de tu salón de clases. Pon una X en los cuadros que describan cada elemento.

BONIFICACIÓN:
Usa papel de construcción, revistas, tijeras y pegamento para hacer folletos "Mis cinco sentidos". Incluye una portada y cinco páginas que muestren imágenes de personas utilizando cada uno de los cinco sentidos. Perfora las páginas y átalas con hilo o cinta. Dona los folletos para el departamento de la primera infancia de tu iglesia.

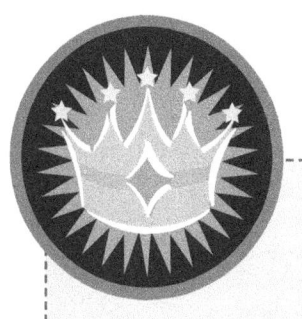

Hijo del Rey

"A todos los que le recibieron, a los que creen en su nombre, les dio potestad de ser hechos hijos de Dios."
(Juan 1:12)

Soy único en mi tipo. Puedo convertirme en un hijo de Dios.

5 PIES
- 9"
- 6"
- 3"
- 4 pies
- 9"
- 6"
- 3"
- 3 pies
- 9"
- 6"
- 3"
- 2 pies

PÍDELE A TU GUÍA QUE MIDA TU ALTURA. MARCA CON UNA **X** EN LA GRÁFICA TU ALTURA.

Mi Peso

EL COLOR DE MI PELO

EL COLOR DE MIS OJOS

MÁS HECHOS ACERCA DE MÍ

Yo uso la mano  (Colorea la mano correcta)

(Colorea lo correcto)

Yo  lentes.

Añade velas para mostrar que edad tienes.

Cuando crezca quiero _____

MIS SENTIMIENTOS

Dentro de cada círculo, dibuja un rostro para mostrar cómo te sientes al respecto de las siguientes actividades:

CARAVANA

Deportes

Escuela

Mascotas

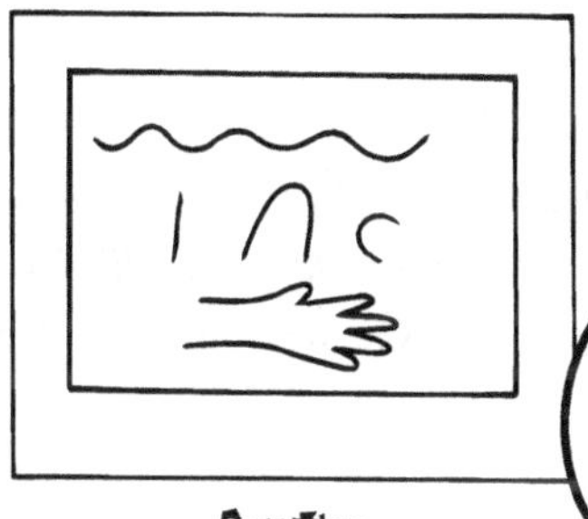

Arte

Música

COMO ME SIENTO CUANDO...

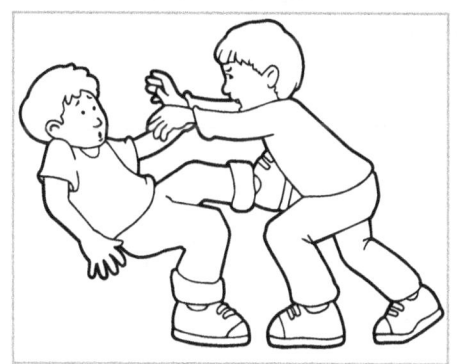

DIOS ME AMA

Dios envió a su Hijo, Jesús, para morir en la cruz por tus pecados para que puedas ser parte de su familia. Tú puedes ser un hijo de Dios si...

El ABC de la Salvación

Admite que has pecado (hecho mal, desobedecido a Dios). Dile a Dios lo que has hecho, arrepiéntete por ello, y estar dispuesto a dejarlo.

Romanos 3:23: *"Por cuanto todos pecaron, y están destituidos de la gloria de Dios."*

1Juan 1:9: *"Si confesamos nuestros pecados, él es fiel y justo para perdonar nuestros pecados, y limpiarnos de toda maldad."*

Busca de Dios, proclama a Jesús como tu Salvador. Di lo que Dios ha hecho por tí. Ama a Dios y sigue a Jesús.

Juan 1:12: *"A todos los que le recibieron, a los que creen en su nombre, les dio potestad de ser hechos hijos de Dios."*

Romanos 10:13: *"Todo el que invoque el nombre del Señor, será salvo."*

Cree que Dios te ama y envió a su Hijo, Jesús, para salvarte de tus pecados. Pide y recibe el perdón que Dios te está ofreciendo.

Juan 3:16: *"Dios amó tanto al mundo que dio a su Hijo unigénito, para que todo aquel que en él cree no se pierda, mas tenga vida eterna."*

¿Por qué no oras ahora mismo?

Querido Dios,

Reconozco que he pecado, y me siento mal por lo que he hecho. Por favor, perdóname. Creo que Jesús murió por mí. Yo lo acepto como mi Salvador. Ayúdame a obedecerte cada día. Gracias por perdonarme y hacerme tu hijo. Amén

Puedo crecer como hijo de Dios, siendo...

Instrucciones: Usa un crayón oscuro para colorear todas las casillas que tienen una X en ellos.

1. X O R A R X X X X X X X X D I A R I O X X
2. X C O N T A R L E X A O T R O S A C E R C A D E J E S U S
3. L E Y E N D O X X X X X X L A X X X X X B I B L I A X X
4. X Y E N D O X A X X L A X X X I G L E S I A X X

¿QUÉ DICE LA BIBLIA?

Dios te hizo, Dios me hizo.

Lee los versículos bíblicos siguientes y discútelos con tu Grupo.

1. Génesis 1:31a   **2.** 1Corintios 12:18

Corta un pedazo de papel de aluminio del tamaño de este cuadro. Pégalo a la parte interior del marco con el lado brillante hacia arriba.

Puedo reflejar el amor de mi padre.

BONIFICACIÓN:
Haz una corona para recordarte que eres un hijo del Rey.

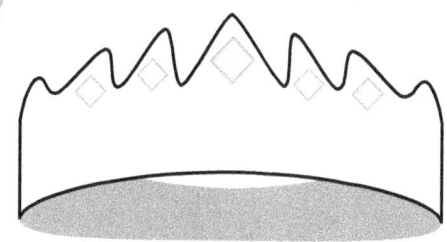

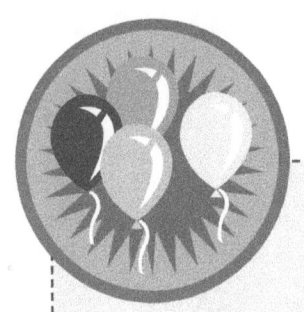

Planificando Fiestas

"...un tiempo para llorar y un tiempo para reír; un tiempo para estar de luto y un tiempo para saltar de gusto."
(Eclesiastés 3:4)

Dios quiere que riamos y nos divirtamos con los amigos.

DETALLES DE LA FIESTA

Circula el día que tendrás tu fiesta.

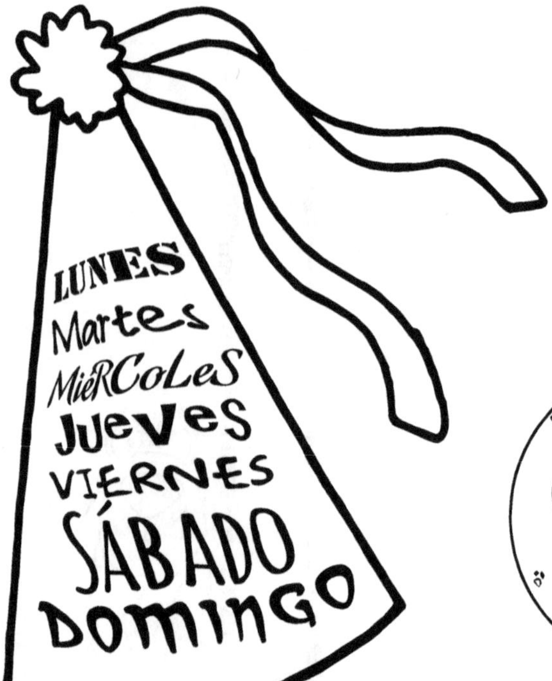

Añade las manecillas al reloj para mostrar a qué hora será tu fiesta.

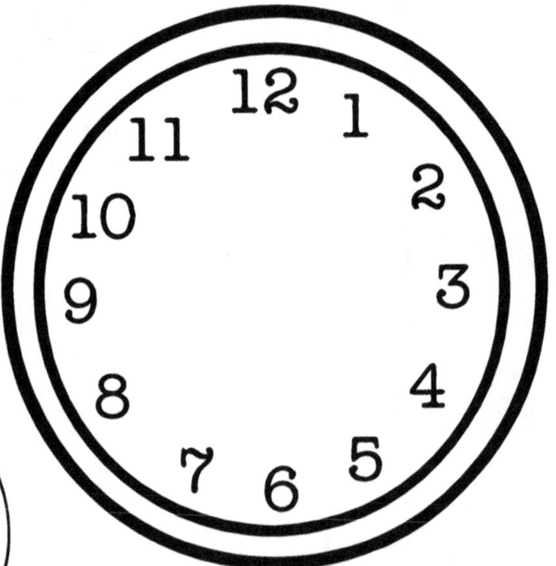

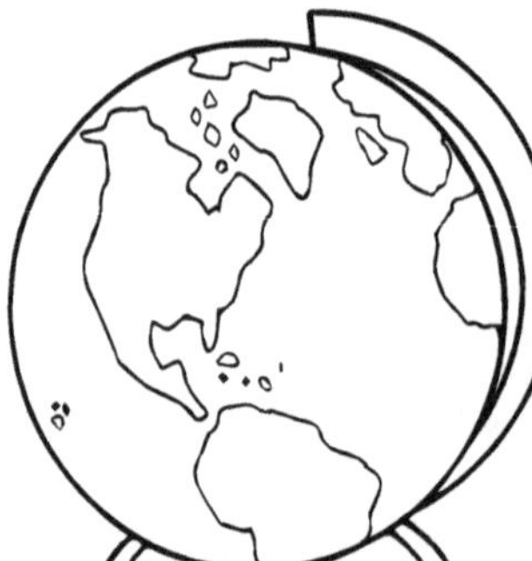

LUNES
Martes
MiéRCoLeS
Jueves
VIERNES
SÁBADO
DOMINGO

¿En qué parte del mundo será tu fiesta?

_____
_____
_____
_____

¿A QUIÉN INVITARÉ?

"Un momento para llorar, y un momento para reír. Un momento para estar de luto, y un momento para estar de fiesta" (Eclesiastés 3:4, DHH).

Dios quiere que riamos y disfrutemos de la vida. Jesús, el Hijo de Dios, ama a los niños. ¿A quién vas a invitar a la fiesta? Escribe el nombre del amigo que deseas invitar. Haz un dibujo de un amigo en el marco.

_____
(nombre)

DISEÑA TU INVITACIÓN

No olvides los detalles.

Día: _____

Hora: _____

Lugar: _____

Diseña el frente de tu invitación con artes manuales para hacer una invitación a tu amigo.

¡VAMOS A COMER!

Escribe tus comidas de fiesta preferidas.

Bebidas	Bocadillos	Frutas	Comida Congelada

OJO ESPÍA

Busca y circula los siguientes elementos en la imagen.

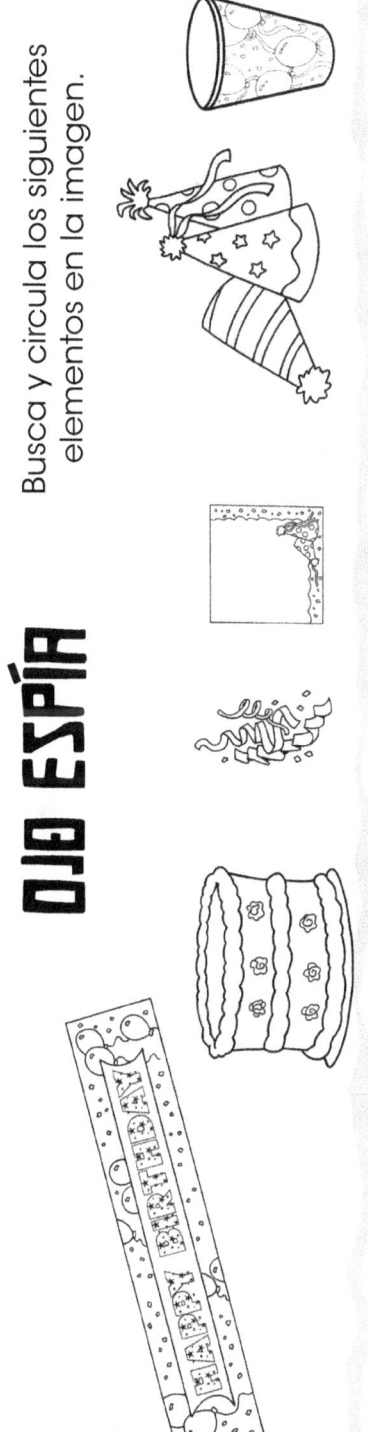

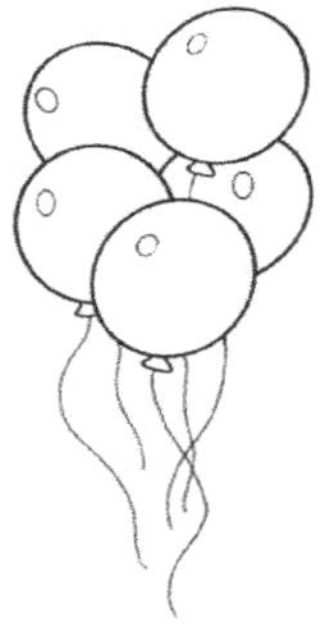

Colorea los artículos que necesitas para tu fiesta.

¡VAMOS A PLANEAR ALGO DE DIVERSIÓN!

JUEGO 1

¡Te tengo!

Que los niños se quiten los zapatos y se sienten en un círculo. Que los niños cuenten, así cada niño tendrá un número. Di en voz alta dos números, y que dos niños vayan al centro del círculo de rodillas.

Activa un temporizador de cocina durante un minuto. Cuando digas "Adelante", los niños, sin dejar de estar en sus rodillas, tratarán de conseguir los calcetines de la otra persona antes de que suene el temporizador.

NOTA: Prepara calcetines extra para los niños que no lleven calcetines.

JUEGO 2

¡Descongélame!

En esta versión de etiqueta congelada, los niños deben estar "congelados". Asigna a una persona para "serlo".

Cuando toca a un jugador, el jugador debe congelarse en su lugar con los pies separados.

Para ser descongelado, otro jugador debe tocar la mano del jugador congelado. Juegue hasta que sólo quede un jugador no congelado.

Esa persona pasa la siguiente ronda.

JUEGO 3

¡Bola de Palomitas de maíz!

Que todos los niños utilicen un marcador para escribir sus nombres en pelotas de plástico, una por niño. Ponga todas las bolas en el centro de una sábana extendida en el suelo.

Que los niños se reúnan alrededor de la sábana y agarren los bordes con ambas manos. Después, que los niños hagan "olas" con la sábana para hacer rebotar todas las pelotas. Continúe hasta que sólo quede una pelota. Ese niño es el "ganador" de esa ronda.

Dibuja y colorea una estrella en el recuadro de cada juego que quieras jugar. Luego piensa en un juego, y escríbelo a continuación.

_____
_____
_____

HAS UN RECUERDO EN TRES SIMPLES PASOS:

1. Envuelve papel de seda de color alrededor de un rollo de cartón vacío, y ata un extremo con cinta.
2. Llena el rollo de cartón con dulces.
3. Para cerrar, ata una cinta alrededor del papel de seda en el otro extremo del tubo.

BONIFICACIÓN: Pinta una pancarta de fiesta que diga: "¡Jesús es nuestro amigo!" Pinta y decora las letras, luego cuelga la pancarta como una decoración en tu fiesta.

Buen Deporte

"Por sus acciones el niño deja entrever si su conducta será pura y recta."
(Proverbios 20:11)

Siempre debes practicar un buen espíritu deportivo.

LAS REGLAS IMPORTAN

¿Cuál es tu juego o deporte favorito?

_____

_____

¿Tiene reglas?   SI   NO

Comenta con tu grupo Investigador por qué las reglas son importantes. ¡Juega un juego que tu grupo conozca bien pero ignora todas las reglas!

BUENAS REGLAS, PARA BUENOS DEPORTES.

Completa las frases usando las palabras de la lista de palabras.

1. A _ _ _ _ _ _ _ _ otros.
      1 2

2. _ _ m _ _ turnos.
    7 9

3. Juega _ _ m _ _ _.
       8 4 5

4. Sé un buen _ _ _ d _ _ _ _.
           3 6

LISTA DE PALABRAS
- Limpio
- Alentar
- Tomar
- Perdedor

Mensaje Secreto:

Sé un b u _ _ _ _ _ _ _ _ _ s _ _ .
     1 2 3 4 5 6 7 8 7 9

¡SÉ UN INCREÍBLE BUEN DEPORTISTA!

Instrucciones: Ayuda a los Investigadores a encontrar su camino a través del laberinto del espíritu deportivo. Si la imagen muestra buen espíritu deportivo, puedes caminar a través de ella. Si muestra mal espíritu deportivo, debes encontrar un camino diferente.

Mira las imágenes de laberinto del buen espíritu deportivo. Al lado de cada uno, escribe el número de la regla que aplica.

1. Alienta a los otros.
2. Altérnate.
3. Juega limpio.
4. Sé un buen perdedor.

ESCOGIENDO LADOS

¿Alguna vez has sido el último elegido para un equipo? ¿Cómo te hace sentir? Intenta cada uno de los siguientes métodos para dividir a tu grupo sin herir sentimientos de nadie. Observa como tu grupo se divide de diferente forma con cada actividad.

1. Dibuja Nombres
Escribe los nombres en pedazos de papel, y dobla las papeletas. Mézclalas, luego, extrae los nombres para formar cada equipo.

2. Pinzas de ropa de colores.
Rocía pintura de diferentes colores en ganchos de ropa. Prensar el gancho en la ropa para designar los equipos, en caso que sea necesario.

3. Rompecabezas
Quita las piezas de dos o más rompecabezas, dependiendo del número de equipos que desees. Mézclalas jun,tas luego extrae las piezas y armen los rompecabezas para determinar los equipos.

4. Cuente
Alinea y cuenta (1, 2, 1, 2,...) Todos los que tienen el mismo número son un equipo. Si necesitas más de dos equipos, contarás hasta el número de equipos que necesites.

5. Formas de enlace
Usa tarjetas de nota, dibuja en ellas formas y córtalas a la mitad. Que los jugadores elijan las tarjetas y formen equipos haciendo coincidir las formas. Si quieres equipos de dos, sólo usa la misma forma dos veces. Si quieres equipos de seis, utiliza la misma forma seis veces.

6. Varas Artesanales
Escribe números en palitos de madera, y que todo el mundo seleccione uno. Arma los equipos por los números dibujados.

¿Puedes pensar acerca de otra manera para seleccionar equipos sin lastimar los sentimientos de alguien? Haz una lista del grupo que puedas usar otras veces cuando juegas juegues.

PROVERBIOS 20:11

"Por sus acciones el niño deja entrever si su conducta será pura y recta"
(Proverbios 20:11)

Llena el crucigrama usando las palabras subrayadas en el versículo Bíblico. Usa la palabra de ejemplo para guiarte.

SUGERENCIA: ¡Cuenta las letras!

Obtén una tarjeta de nota de tu guía. Escribe una forma en que puedas ser un buen deportista en casa, una forma que puedas ser un buen deportista en la escuela, y una forma que puedes ser un buen deportista en la Caravana.

BONIFICACIÓN:
Haz un nuevo juego de equipo con reglas específicas. Usa una de las formas que has aprendido para dividir equipos, luego juega el juego. Muestra buen espíritu deportivo mientras juegas.

Cocina

"Ya sea que coman o beban o hagan cualquier otra cosa, háganlo todo para la gloria de Dios."
(1 Corintios 10.31)

Honra a Dios en todo lo que hagas.

MÍDELO

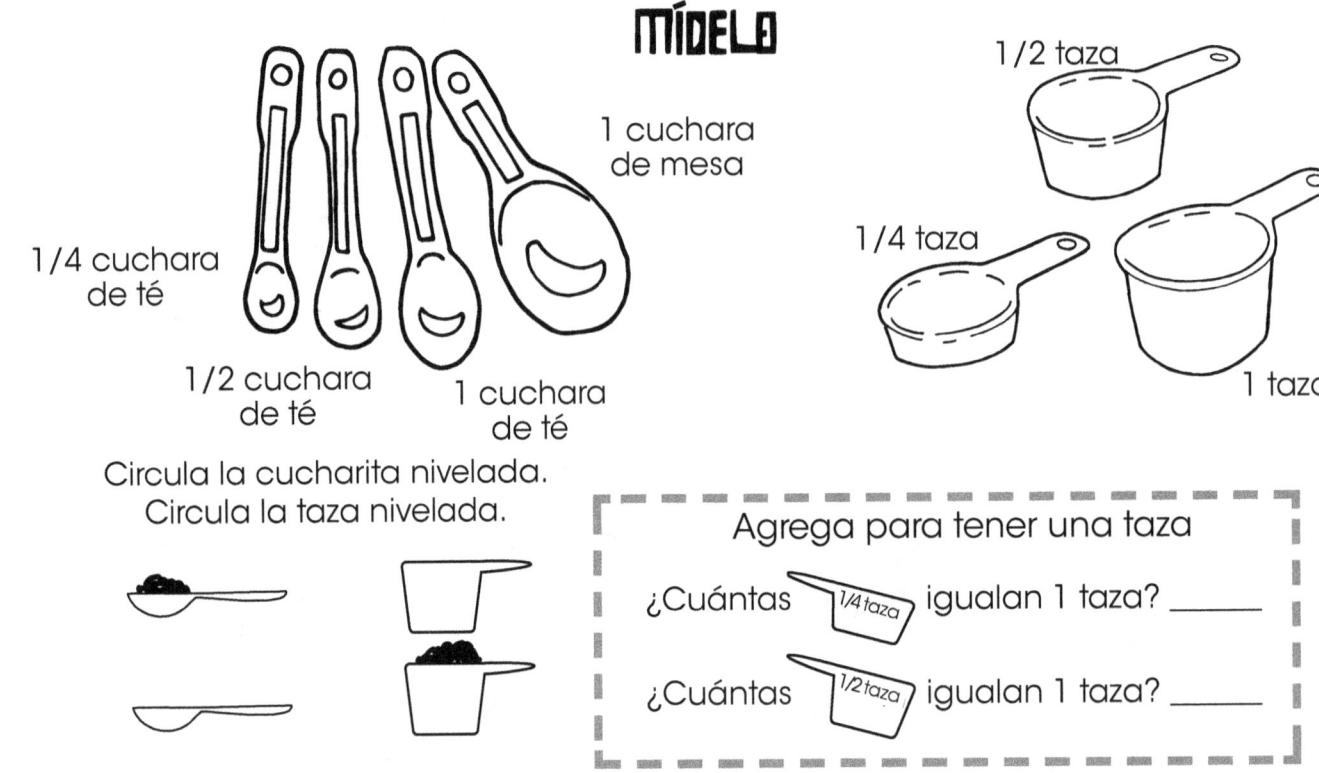

Circula la cucharita nivelada.
Circula la taza nivelada.

Agrega para tener una taza

¿Cuántas  igualan 1 taza? _____

¿Cuántas igualan 1 taza? _____

Practica medir cosas mojadas y secas. Demuestra que sabes cómo hacer una cuchara de mesa y una taza nivelada.

¡BANANAS EN UNA MANTA, LO MEJOR!

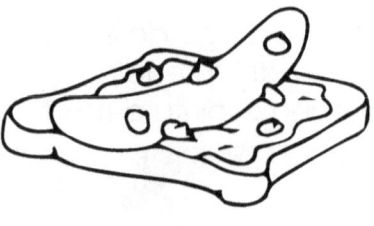
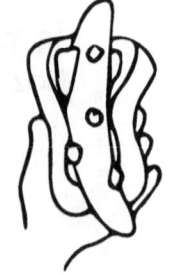

No todo en la cocina requiere una estufa o un horno. Asegúrate de que esté bien comer mantequilla de maní.

1. Usa palitos planos de madera para untar la mantequilla de maní en el pan.
2. Pela un banano, y colócalo en el centro del pan.
3. Añade sabor poniendo en la parte superior del plátano la cubierta de tu elección
4. Dobla el bocadillo de bananos.
5. ¡Disfruta!

En la siguiente sesión, hornearemos en una cocina. Hagamos sombreros de cocinero para llevarlos puestos mientras trabajamos.

1. Enrolla una banda de sombrero alrededor de tu cabeza, y marca la longitud. Sujeta con grapas la banda cuando esté cerrada.

2. Pega con cinta adhesiva tres tiras del papel para el lado la A de la banda de sombrero, luego ata con cinta el otro extremo de las tiras para el lado B.

3. Pega, con cinta adhesiva, tres tiras del papel para el lado C de la banda de sombrero. Tenemos las tiras A-B, y pegamos con cinta adhesiva el extremo libre de cada tira para el lado D.

4. Usa un marcador para escribir tu nombre por el frente de tu sombrero.

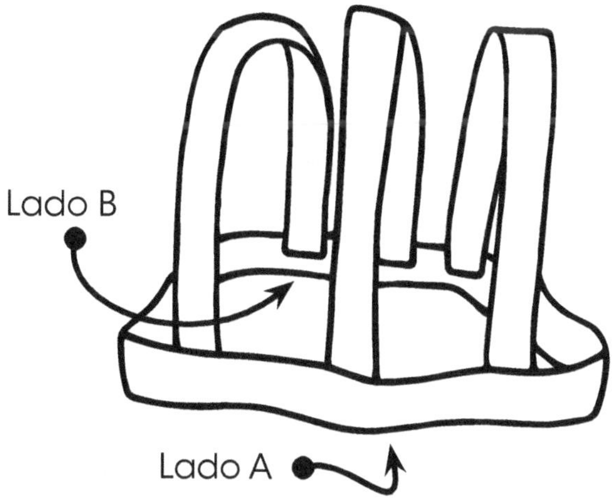

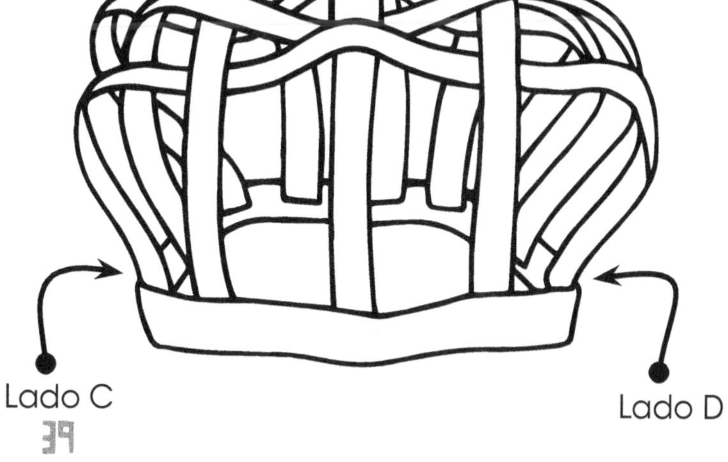

Lado B

Lado A

Lado C

Lado D

COCINANDO GALLETITAS

Receta de Galletas de Chispas de Chocolate
(reporta: 6 docenas)

- 4 ½ Tazas de Harina
- 2 Cucharas de té de bicarbonato de soda
- 1 taza atiborrada de Azúcar morena
- ½ taza de azúcar granulada
- 2 tazas de Mantequilla (ablandada)
- 4 huevos
- 2 cucharas de té de extracto de vainilla
- 4 tazas de Chispas de Chocolate
- 2 cajas pequeñas de mezcla de pudín de Vainilla instantáneo
- 2 tazas de Nueces en trocitos (opcional)

Sigue estos pasos:

1. Asegúrate de que tu guía precaliente el horno a 350 grados.

2. Reúne todos los ingredientes de la receta y estos productos:
   - Un tazón grande
   - Espátula
   - Papel encerado
   - Un tazón mediano
   - Cuchara
   - Cazuela de agarradera
   - Batidora eléctrica
   - Hojas de galleta
   - Tazas y cucharas medidoras

3. Usa la batidora eléctrica para mezclar los siguientes ingredientes en el tazón grande:

4. Mezcla en el tazón grande los siguientes productos:

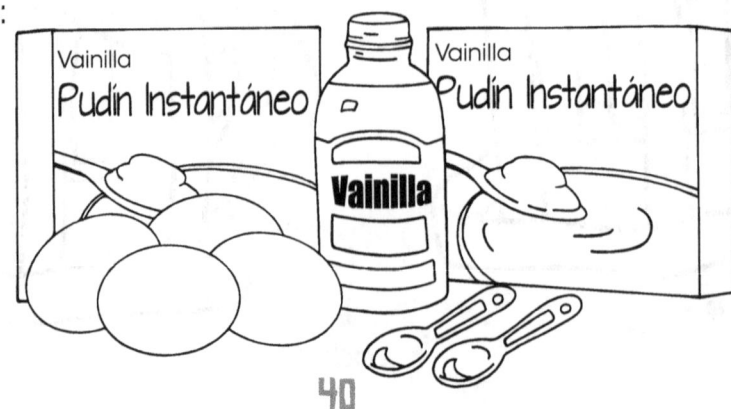

5. Mezcla en el tazón mediano los siguientes productos:

6. Mezcla el contenido del tazón mediano en el tazón grande hasta que la mezcla esté suave, luego agrega los chips chocolate y las nueces (si es deseado).

7. Usa una cuchara de té para colocar la masa en la hoja de hornea de galletas. Deja cerca de una pulgada entre cada galleta.

8. Hornea por 10 minutos.

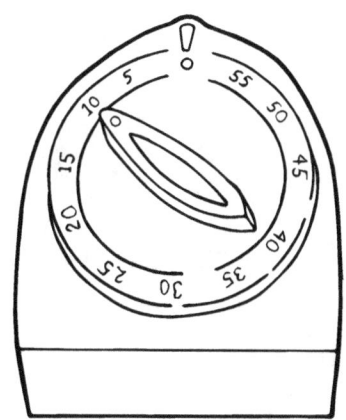

9. Dejar el tiempo suficiente para enfriar, luego coloque las galletas en papel encerado hasta la hora de embolsarlas.

10. Ayuda a limpiar y lavar los platos.

¡EMBÓLSALO!

Usa los suministros artesanales que tu guía ha provisto para decorar una bolsa para tus galletas. Decide a quien te gustaría darle tus galletas. Escribe el nombre de esa persona aquí:

_____

_____

Haz una tarjeta para la persona que recibirá tus galletas. Anéxale la tarjeta a tu bolsa decorada antes de entregar las galletas.

BONIFICACIÓN:
Haz una tarjeta donde escribas la receta. Tu guía te dará indicaciones.

Crear obsequios para los amigos es entretenido. Podemos disfrutar de las fiestas que honran a Dios. Colorea esta página.

Bandera

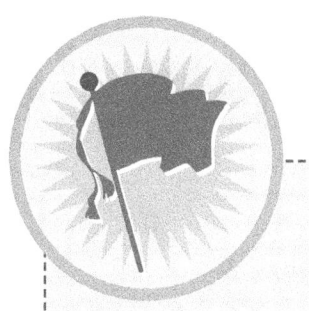

"Den a todos el debido respeto: amen a los hermanos, teman a Dios, respeten al rey."
(1ra Pedro 2.17)

Muestra respeto a Dios y a tu país.

Una bandera nacional representa las ideas y las creencias de un país. Por esto es que tratamos la bandera con respeto.

Dibuja y colorea tu bandera nacional.
Di el juramento a tu bandera nacional.

BANDERA PERSONAL

Si tú tuvieras que diseñar una bandera personal o familiar, ¿cómo te gustaría que luciera? Piensa acerca del diseño y colores que tú usarías. La mayoría de banderas usan los siguientes colores básicos. Colorea los cuadros, luego lee el significado de cada color a tu grupo Investigador.

☐ Negro	=	Tristeza y pesar
☐ Azul	=	Sinceridad
☐ Verde	=	Juventud y esperanza
☐ Naranja	=	Fuerza y resistencia
☐ Rojo	=	Valentía y coraje
☐ Blanco	=	Fe y pureza
☐ Amarillo	=	Honor y lealtad

Dibuja y colorea una bandera personal o familiar.

Explica el significado de tu bandera a tu grupo Investigador.

DIOS DICE "MUESTRA RESPETO"

Den a todos el debido respeto: Amen a los hermanos, teman a Dios, respeten al rey" (1 Pedro 2:17).

SIETE REGLAS DE RESPETO A LA BANDERA

1. Iza la bandera de sol a sol. Coloca una luz ligera en la bandera si es exhibida en la noche.

2. Asegúrate de que la bandera ondea libre, ya sea en el apartamento en una pared o en el asta de la bandera.

3. Si la bandera está exhibida sobre una plataforma de discurso, debe estar encima y detrás del orador.

4. Cuándo la bandera está en un asta en una iglesia o auditorio, debe estar a la derecha del orador. Otras banderas deben estar en la izquierda del orador.

5. Ponte firme y realiza el saludo oficial cuando veas la bandera siendo elevada, bajada, o pasando en un desfile.

6. Mantén la bandera en buen estado. Límpiala y repárala si se ensucia o rasga.

7. Nunca dejes que la bandera toque el suelo.

Haz un poster para ilustrar cada una de las siete reglas.

BONIFICACIÓN:
Aprende acerca de la bandera cristiana. Usa papel de construcción para hacer banderas cristianas, y colgarlas en el cuarto. Aprende el juramento a la bandera cristiana, y dilo a otro Grupo Caravana.

Música

"Canten al Señor, un cantico nuevo; Canten al Señor, habitantes de toda la tierra."

(Salmos 96.1)

Podemos alabar al Señor a través de la música.

SÍMBOLOS MUSICALES

Estas son las notas.     Este es un pentagrama.

Mira la música a continuación.
Haz un círculo alrededor de las notas en azul.
Haz un círculo alrededor del bastón en rojo.

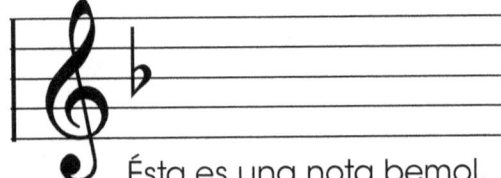 Ésta es una nota bemol. Una nota bemol disminuye el tono.

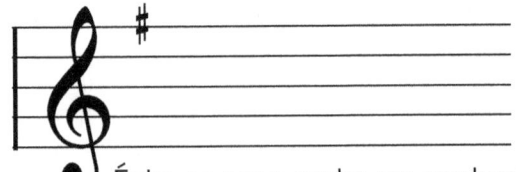 Ésta es una nota en sostenido. Una nota sostenido incrementa el tono.

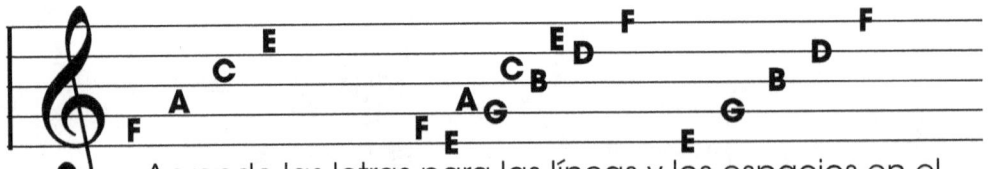

Aprende las letras para las líneas y los espacios en el pentagrama. Las letras son los nombres de las notas.

Las letras para los espacios deletrean "FACE" ("rostro" en inglés):

__ __ __ __

Las letras para las líneas son las primeras letras de:
El **G**ran **B**uen **D**ios **F**iel:

__ __ __ __ __

CANCIONES EN LA BIBLIA

David escribió canciones de alabanza a Dios. Las canciones de David son los llamados Salmos. Aquí hay parte de uno de los Salmos de David.

**Canten al SEÑOR, un cántico nuevo;
Canten al SEÑOR, habitantes de toda la tierra.
Canten al SEÑOR, alaben su nombre;
anuncien día tras día su victoria.**
(Salmos 96.1-2)

Escoge dos canciones de alabanza para cantar.

HACIENDO MÚSICA

Haz uno de estos instrumentos. Canta algunas canciones,
y toca el instrumento conforme cantas.

Pandereta

1. Perfora cuatro huecos alrededor del borde de una tapa plástica.
2. Emplea lazos torcidos para sujetar cuatro campanas a través de los huecos.

Agitadores

1. Llena parcialmente botellas plásticas vacías de soda (12 o 16 - onza) con frijoles crudos.
2. Pega o ata con cinta la tapa firmemente en su lugar.
3. Opcional: Decora con etiquetas adhesivas o marcadores.

Tambor de Caja de Avena

1. Pon al revés la caja, y haz un par de huecos en los lados contrarios de la caja, alrededor de dos pulgadas, debajo del fondo de la caja.
2. Ensarta hilo o cinta a través de los huecos, y átalos de forma que puedas llevar puesto el tambor alrededor de tu cuello.
3. Usa tus manos, sujeta palitos redondos cortos, haz baquetas de madera.

VAMOS A HACER RITMO

Un **ritmo** es una pulsación regular, hecha por un movimiento repetido.

Haz cada paso de lo siguiente:
- Aplaude con tus manos cada vez que uno de tus pies toque el piso.
- Colorea el número del que fue más intenso.

1 Camina alrededor de la habitación.

2 Salta alrededor de la habitación.

3 Corre alrededor de la habitación.

¿Cómo podrías utilizar cada una de las siguientes cosas para hacer un ritmo?

CANTA AL SEÑOR

Escucha como tu guía toca las notas debajo. Luego canten juntos.

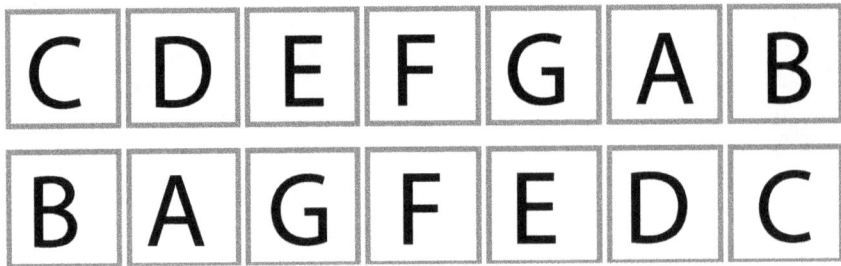

Colorea los espacios (F-A-C-E) de rojo.
Colorea de amarillo, las líneas (E-G-B-D-F).

Escribe algunos arreglos musicales tuyos propios. Luego, que tu guía lo toque en un teclado o en un piano.

BONIFICACIÓN:
Trabaja con tu grupo Investigador para hacer una canción de alabanza de cuatro líneas. Escribe las palabras y la melodía. Preséntale la canción a otro grupo.

La Biblia

"En mi corazón atesoro tus dichos para no pecar contra ti."
(Salmos 119:11)

La Biblia es la Palabra de Dios.

Traza las palabras debajo con un crayón blanco.
Después colorea encima de ellos con un marcador. ¿Qué ves?

"En mi corazón guardo tus dichos para no pecar contra Ti."

ACERCA DE LA BIBLIA

La Biblia es la palabra de Dios. Nos cuenta sobre Dios y el Hijo de Dios, Jesús. La Biblia nos dice cómo deberíamos vivir. El lema de la Caravana es la palabra de Dios:

"Confía en el Señor de todo corazón, y no en tu propia inteligencia. Reconócelo en todos tus caminos, y él allanará tus sendas."
(Proverbios 3:5-6)

¿Qué es lo que dice el lema de la Caravana acerca de cómo deberíamos vivir?

PARTES DE LA BIBLIA

La Biblia está dividida en dos partes.

Cada libro de la Biblia tiene un nombre.

Génesis — **Génesis**, es el primer libro del Antiguo Testamento.

Mateo — **Mateo**, es el primer libro del Nuevo Testamento.

Apocalipsis — **Apocalipsis**, es el último libro de la Biblia.

REFERENCIAS BÍBLICAS

Aprende los 5 primeros libros del Antiguo Testamento y los 5 primeros libros del nuevo testamento.

ANTIGUO TESTAMENTO

- GÉNESIS
- ÉXODO
- LEVÍTICOS
- NÚMEROS
- DEUTERO-NOMIOS

NUEVO TESTAMENTO

- MATEO
- MARCOS
- LUCAS
- JUAN
- HECHOS

Los libros de la Biblia tienen capítulos. Cada capítulo tiene versículos. Mira una página en la Biblia. Con tu grupo Investigador, encuentra el nombre del libro, el número del capítulo, y un número de versículo. Una referencia Bíblica se parece a esto: Juan 20:24.

Una referencia de la Biblia te dice:

- El nombre del libro
- El capítulo
- El versículo

En las siguientes referencias, circula el nombre del libro en rojo. Circula el número de capítulo en azul. Circula el número del versículo en verde.

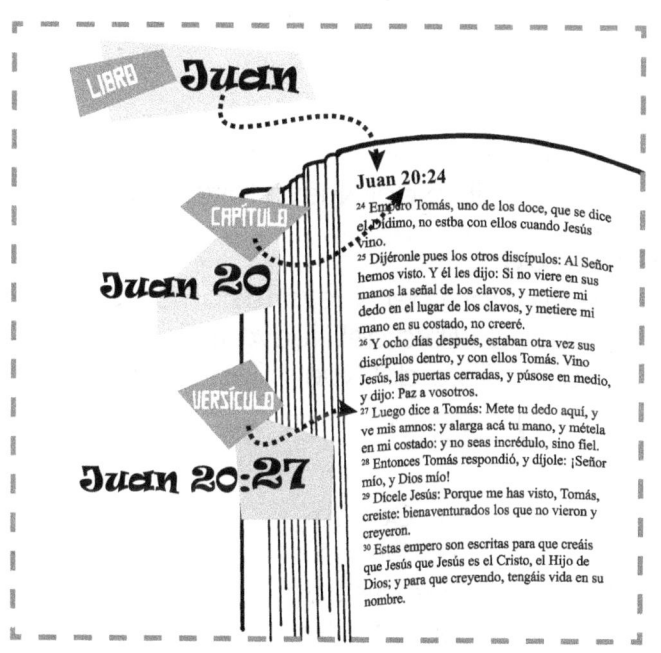

Éxodo 20:2

Mateo 6:27

Génesis 1:1

Juan 3:16

CINCO DEL ANTIGUO, CINCO DEL NUEVO

Usa tu biblia para escribir los cinco primeros libros del Antiguo Testamento.

Usa el código de números generado en este ejercicio para revelar el siguiente versículo. Búscalo y léelo con tu grupo Investigador.

1. __ __ __ __ __ __ __
   1 2 3 2 4 5 4

2. __ __ __ __ __
   2 6 7 8 7

3. __ __ __ __ __ __ __
   9 2 10 5 11 5 12 7

4. __ __ __ __ __ __ __
   3 13 14 2 15 7 4

5. __ __ __ __ __ __ __ __ __ __ __
   8 2 13 11 2 15 7 3 7 14 5 7

Deuteronomio __ __ __ __ : __ __ a __ __ __ - __ __ __ __ __
              4 2 5 4 12 13   11 15 7   3 13 2 10 2

Abajo:
1. Primer libro del Nuevo Testamento
2. Quinto Libro del Nuevo Testamento

Atravesado:
3. Tercer Libro del Nuevo Testamento
4. Segundo libro del Nuevo Testamento
5. Cuarto libro del Nuevo Testamento

Con tu Grupo Investigador, busca y lean juntos Juan 3:16.

Explica lo que significa Juan 3.16 para ti.

¡NOSOTROS PODEMOS! ¿PUEDES TÚ?

Divídanse en dos equipos. Lean la siguiente rima de acción.
El significa caminar, y  significa aplaudir.

Equipo 1:
Todos conocemos que la palabra de Dios es verdadera. Dividida en dos partes el Nuevo y el Antiguo testamento. Vamos a decir 5 libros de cada uno. Luego vamos a oírte decirlo también.

(GRITA) ANTIGUO:

GÉ  NE SIS
ÉX O DO
LE VÍ TI CO
NÚ  ME ROS
DEU TE RO NO MIO

(GRITA) NUEVO:

MA TE O
MAR COS
LU CAS
JUAN
HE CHOS

Equipo 2:
Si, sabemos que la Palabra de Dios es Verdadera. Nosotros podemos nombrar esos libros también. (Repitan la rima de acción juntos.)

Líder:
Ahora todos hemos aprendido la rima bíblica. Vamos a decirla todos a la vez. (Repite la rima de acción con el grupo entero.)

> "En mi corazón atesoro tus dichos para no pecar contra ti."
> (Salmos 119:11)

BONIFICACIÓN:
Haz un libro de versículos bíblicos llamado "Del libro de Juan". Tu guía te dará las instrucciones.

mayordomía

"Dios ama al que da con alegría."
(2da Corintios 9:7b)

Damos porque amamos a Dios.

La mayordomía es sobre:

___ ___ ___
 4   1 18

A	B	C	D	E	F	G	H	I	J	K	L	M
1	2	3	4	5	6	7	8	9	10	11	12	13

N	O	P	Q	R	S	T	U	V	W	X	Y	Z
14	15	16	17	18	19	20	21	22	23	24	25	26

Mostramos nuestro amor y agradecimiento a Dios dando:

___ ___ ___ ___ ___ ___
 20 9   5 13 16 15

___ ___ ___ ___ ___ ___ ___ ___ ___ ___
 8   1   2   9 12   9   4   1   4   5 19

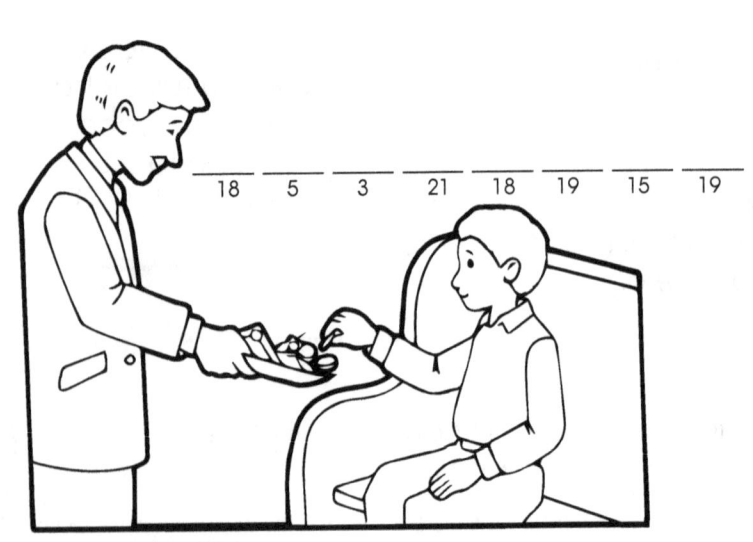

___ ___ ___ ___ ___ ___ ___
18   5   3 21 18 19 15 19

USA TU TIEMPO Y HABILIDADES

Usa tu tiempo y habilidades para hacer bolsas de regalo para vender a tus amigos y familia.

1. Sella bolsas blancas.
2. Perfora un hueco a través de ambos lados de la parte superior de la bolsa. Aquí es donde la cinta estará atada para cerrar la bolsa.
3. Mete la bolsa de papel adentro de una bolsa Ziploc de mayor tamaño.
4. Corta un pedazo de cinta de 18 ", y ponlo en la bolsa Ziploc.
5. Pliega un tarjeta de 3"x 5 " por la mitad, perfora un hueco en la parte esquina superior plegada, y pon un sello en el frente. Métela en la bolsa Ziploc.
6. Añádele un pedazo de papel de seda a la bolsa Ziploc, y cierra la bolsa.

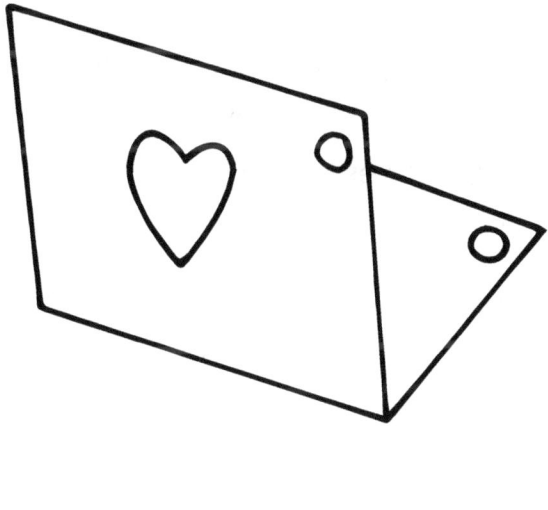

PREPÁRATE PARA LA VENTA

1. Reúne los datos acerca de lo siguiente. Luego escribe la información en la invitación.

   Tiempo: _____

   Lugar: _____

   Costo: _____

2. Diseña un letrero de venta. Usa tu diseño, y has un poster grande con el letrero para tu venta.

USA TUS RECURSOS

Un diezmo es 10 por ciento. La Biblia nos dice que la gente dio una décima parte de lo que tuvieron para Dios. Hoy, los cristianos dan un 10% de tu dinero para la iglesia.

Una ofrenda es lo que tú das muy aparte de tu diezmo.

Ganamos _____ de nuestra venta del Set de la Bolsa del Regalo. Podemos dividir y podemos usar nuestro dinero en tres formas:

_____   _____   _____
Diezmo (10%)   Ahorrar (10%)   Gastar (80%)

DEPOSÍTALO

Haz un banco de tres partes para llevar a casa.

Practica ser un buen administrador, diezmando una décima parte de tu dinero, ahorrando una décima parte de tu dinero, y gastando el resto sabiamente.

1. Pega con cinta adhesiva tres latas de jugo juntas envolviéndolas con varias filas de cinta adhesiva ancha.
2. Cubre las tres latas con papel de construcción o papel de contacto.
3. Usa un marcador para escribir los siguientes tres títulos en las latas:

Diezmo   Ahorro   Gastar

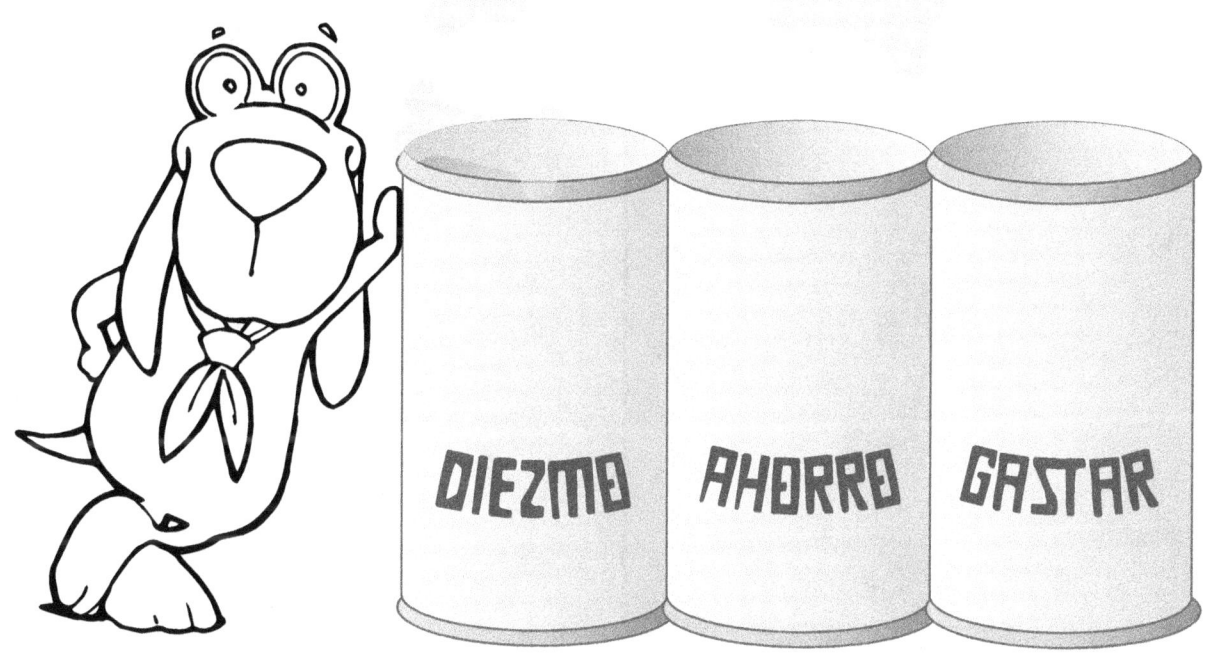

Registra una cosa para la que ahorras tu dinero.

_____

_____

MAYORDOMÍA PERSONAL

Dibuja y colorea imágenes para mostrar cómo puedes practicar tú mayordomía de: tu tiempo, habilidades, y recursos.

TIEMPO

HABILIDADES

RECURSOS

BONIFICACIÓN:
Ten un espectáculo de talento e involucra a todo el mundo en tu grupo. Algunos talentos y habilidades a incluir: Arte, música, cocinar, coser, escribir, leer un poema, etcétera. Invita a los padres a ser espectadores para la función. Sirve galletas que hayas hecho. ¡Diviértete!

Misiones

"Les dijo: Vayan por todo el mundo y anuncien las buenas nuevas a toda criatura."
(Marcos 16:15)

Dios quiere que les contemos a otros acerca de Jesús.

COMPARTIENDO A JESÚS

★ Puedes contarles a otros acerca de Jesús. Pon una estrella en el recuadro para mostrar lo que puedes hacer esta semana para contarle a alguien acerca de Jesús.

Invitar a un amigo a la iglesia.

Orar por tus vecinos que no conocen a Jesús.

Hacer un nuevo amigo.
Contarle a ese amigo porqué crees y amas a Jesús

Las misiones es el proyecto de personas ayudando a otros a aprender acerca de Jesús. La Iglesia del Nazareno envía a los misioneros por todo el mundo a contarle a personas sobre Dios.

Considera contribuir con tu familia para un proyecto de misión o un misionero. Verifica con tu pastor o coordinador de misiones de tu iglesia para tener ideas. Que los niños hagan una caja para que los miembros de la familia coloquen sus donaciones dentro. Haz una colecta para una semana o un mes, dependiendo del tiempo que escojas para el proyecto. Luego da el dinero a tu misionero o al proyecto escogido. Además del dinero, a veces se necesitan donaciones de otras cosas. Revisa con tu coordinador de misiones de tu iglesia.

¿QUÉ ES UN MISIONERO?

Los misioneros son _____ que Dios ¡VAYAN! _____ a otros _____ y culturas a contarles acerca de _____.

CAJA DE PALABRAS

Envía
Países
Personas
Jesús

TIPOS DE MISIONEROS

Descifra las palabras debajo para ver qué trabajos pueden tener los misioneros.

1. AOGRJRNE — ☐ R ☐ N ☐ R O
2. NMEFAERRE — E ☐ ☐ ☐ ☐ E R A
3. RDOOCT — ☐ O ☐ ☐ R
4. RUCONCTORST — C ☐ ☐ ☐ ☐ U ☐ ☐ ☐ R
5. REPDDORICA — ☐ R E ☐ ☐ ☐ ☐ ☐ R
6. ESMATRO — ☐ A ☐ T ☐ O

¿QUÉ ES LO QUE NECESITAN SABER OTROS DE JESÚS?

Los misioneros le enseñan a las personas acerca de Jesús. También le puedes contar a otros sobre Jesús. Busca los siguientes versículos, y completa las declaraciones de cosas que las personas deberían saber acerca de Jesús.

Jesús es el M _ _ _ _ _ _ (Juan 1:41-42)

Jesús está _ I _ _ y en el _ _ _ _ _ _ (Marcos 16: 11a, 19)

Jesús perdona los _ _ _ _ _ _ _ S (Lucas 7:48)

Jesús es el _ I _ de _ _ _ _ _ (Mateo 17:5)

> Aprende acerca de la ofrenda De Alabastro. Haz carteles para enseñar a otros acerca de la ofrenda De Alabastro. Cuelga los carteles en la iglesia.

Jesús _ _ _ _ Ó por nuestros pecados (1 Corintios 15:3)

Jesús es el _ _ _ _ N _ hacia el padre (Juan 14:6)

Jesús nos da _ _ _ _ eterna (Juan 10:28)

REGIONES NAZARENAS MUNDIALES

Enlaza los países en los recuadros con sus regiones mundiales.
Usa un crayón de diferente color para cada país.

Alemania	África	RUSIA
Kenia	Asia-Pacífico	Etiopía
Chile	Mesoamérica	Panamá
AUSTRALIA	Eurasia	PERÚ
HAITÍ	Sudamérica	Cuba
HONDURAS	USA/Canadá	COREA

HAZ UN CUADERNO DE NOTAS

Selecciona un país para investigar. _____

Encuentra lo siguiente acerca del país. Pon una 😊 en cada cuadrado mientras vayas completando los pasos.

☐ Bandera del país. (Haz una de papel)

☐ Una receta del país.

☐ Una cosa única acerca de la gente (por ejemplo, los juegos que los niños juegan, las religiones, la estructura familiar, etcétera.)

☐ Algunas imágenes o historias que puedas encontrar.

☐ Vestimenta de las personas.

Después de que recojas toda la información de arriba, compílalo en un cuaderno de notas. Elabora e ilustra una cubierta para el álbum.

BONIFICACIÓN: Planifica una Feria de la Cultura. Organiza un área para cada país que tu grupo investigó. Prepara comida, banderas, y trajes de cada país. Juega juegos que los niños juegan en cada país. Invita a sus familias a participar.

Acampar

"Los cielos cuentan la gloria de Dios, el firmamento proclama la obra de sus manos."
(Salmos 19:1)

Dios creó la naturaleza, y es nuestra para disfrutarla y protegerla.

COSAS QUE NECESITARÁS

Pon en un círculo las cosas que necesitarás para un viaje de campamento.

CONSTRUYE UN FUEGO DE CAMPAMENTO

1. Recoge varitas de leña para la yesca, ramitas para encender, y ramas grandes para combustible.

2. Prepara un cubo de agua o tierra, y colócalo al lado del fuego de campamento.

3. Has un círculo de rocas para rodear el fuego de campamento, y retira las hierbas malas y el pasto fuera del círculo.

4. Construye un cimiento para fuego, y enciéndelo desde el fondo.

5. Construye un fuego para iluminar o para cocinar.

6. Nunca dejes el fuego desatendido. Apaga el fuego completamente cuando termines.

Construye una fogata con tu grupo Investigador. Siéntate alrededor del fuego y canten canciones.

PREVENIR INCENDIOS FORESTALES

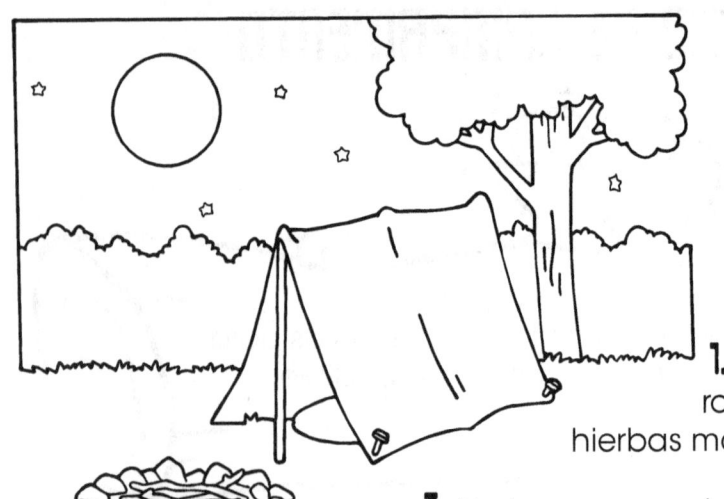

1. Haz un círculo de __ __ __ __ __ para rodear el fuego de campamento, y quitar las hierbas malas y el pasto fuera del círculo.

2. No juegues con los __ __ __ __ __ __ __ __. Colócalos en el fuego. No los tires en el suelo.

3. Nunca dejes el fuego __ __ __ __ __ __ __ __ __ __ __. Apaga el fuego completamente cuando termines.

4. Asegúrate de apagar un fuego completamente antes de que te vayas. Cúbrelo con __ __ __ o __ __ __ __ __.

LISTADO DE PALABRAS

Rocas   Fósforos   Desatendido   Agua   Tierra

SEGURIDAD PERSONAL

1. NUNCA enciendas un fósforo a menos que un adulto esté contigo y te conceda autorización.

2. Si percibes una quemadura menor, colócala en agua fresca o fría.

3. Si tus ropas comienzan a arder, DETENTE, TÍRATE, y RUEDA. Practica esto varias veces.

MONTA UN CAMPAMENTO

Practica poner juntos una tienda de campaña.

Coloca estos artículos donde piensas que deberían ir.

¡YUM - YUM!

Realiza al menos uno de los siguientes bocadillos:

LA MEZCLA DEL SENDERO

Haz una mezcla original combinando cualquiera de los siguientes ingredientes en una bolsa Ziploc:

- Maní
- Pasitas
- M&Ms
- Mini Malvaviscos
- Cualquier cereal seco

Mézclalo todo y disfruta. ¡Yum-Yum!

MÁS S

1. Coloca un baño de dulce de azúcar o de chocolate en unas galletas de harina de trigo.
2. Coloca crema de malvavisco en otra galleta de harina de trigo.
3. Haz un emparedado con las galletas.
4. Cómelo y disfruta. ¡Yum-Yum!

BARRAS DE GRANOLA

1. En una fuente honda, combina 2 1/2 tazas de cereal de arroz crujiente, 2 tazas de avena desmenuzada, 1/2 taza de pasas. Colócalo aparte.
2. En una cacerola pequeña, combina 1/2 taza de azúcar moreno y 1/2 taza liviana de sirope de maíz. Hiérvelo y muévelo constantemente.
3. Remueve la cacerola, y mientras lo mueves toma 1/2 taza de mantequilla de maní y 1 cuchara de vainilla. Añádelo y mézclalo hasta que esté suave.
4. Vierte la mezcla líquida sobre la mezcla del cereal, y mezcla bien hasta que la mezcla del cereal esté completamente revestida.
5. Vacía y presiona la mezcla, en un recipiente engrasado de 9X13 pulgadas, y déjalo enfriarse. Córtalo en 24 barras de granola.

BONIFICACIÓN: Aprende acerca de la vida salvaje en tu región. Trabajen juntos para hacer un libro con ilustraciones. Dona el libro a la clase de la Escuela Dominical de Niños en tu iglesia.

Excursión

"Reconócelo en todos tus caminos y Él allanará tus sendas."
(Proverbios 3:6)

Dios creó la naturaleza, y es nuestra para disfrutarla y protegerla.
Pon a Dios primero, y Él te guiará adonde debes ir.

¿A DÓNDE DEBES IR?

```
G C A G Z P P B F M
R I E J O A A D B U
A I R Z O N R H I U
N X O Q L G Q E B W
J Z P A O V U A L R
A X U E G C E A I D
S N E N I X O N O D
T A R R C Y X L T M
S U T K O M U S E O
C X O Z E W Q U C N
T R N T I E N D A M
S P A N A D E R I A
```

LISTADO DE PALABRAS

ZOOLÓGICO   AEROPUERTO   MUSEO   TIENDA
GRANJA   BIBLIOTECA   PANADERÍA   PARQUE

PLANEA TU EXCURSIÓN

Vamos a...
_____
_____

¿Qué día vamos a ir?
_____
_____

Hora en que partimos   Hora en que regresamos

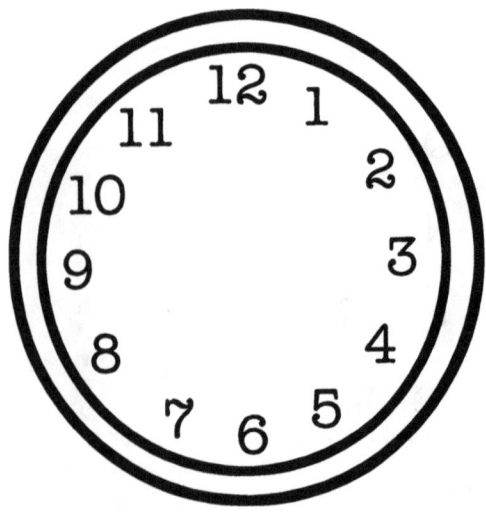 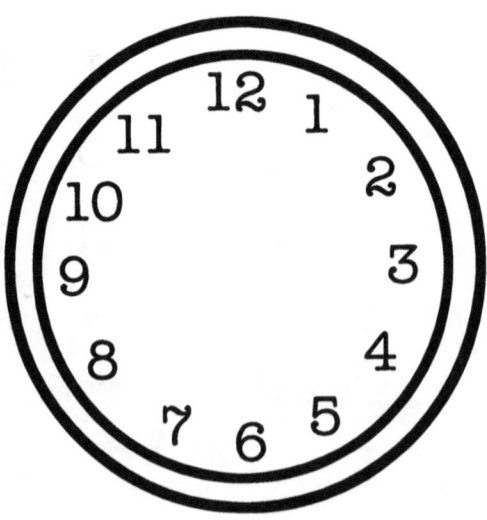

Añade las manecillas para mostrar la hora.

¿QUÉ NECESITO LLEVAR?

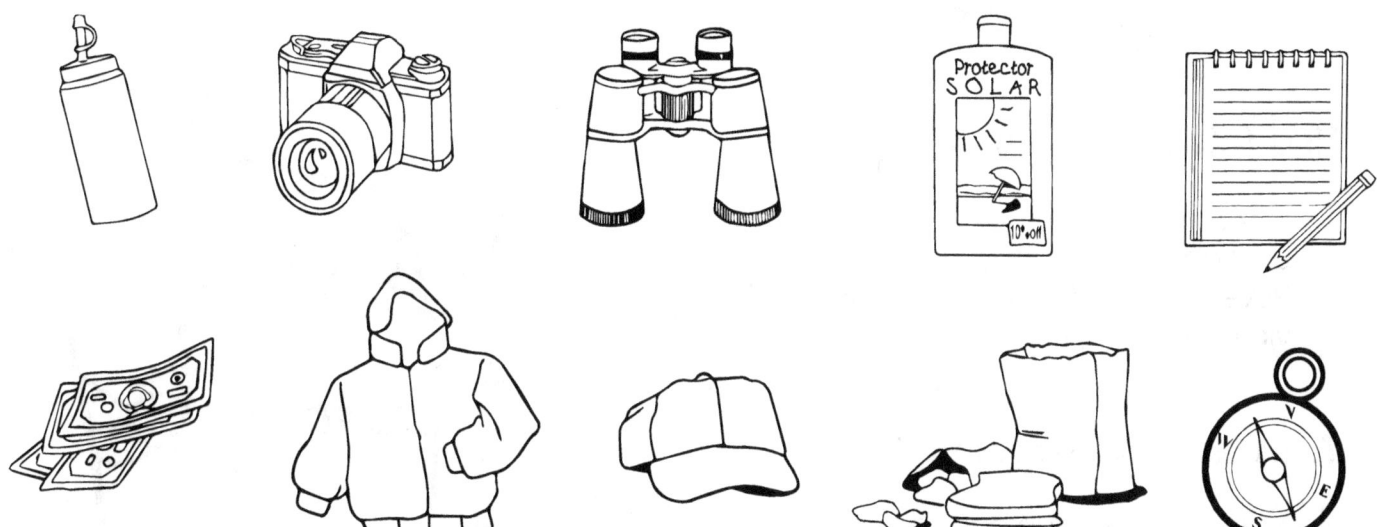

Escribe o dibuja otros elementos que necesitarás.

ÁLBUM DE VIAJE DEL CAMPO

Usa fotos o dibujos para...

1. Haz una portada para tu álbum. Muestra una cosa que viste en tu viaje de campo. Revela a dónde fuiste en el título: "Mi viaje de Campo a _____".

2. Muestra cómo llegaste allí.

3. Muestra quién fue contigo. Que la gente autografíe esta página.

4. Muestra dos cosas que hiciste o viste en tu viaje de campo.

5. Muestra tu parte favorita.

6. Escribe un informe pequeño acerca de tu viaje.

Para Ensamblar:

1. Pon todas las imágenes anteriormente citadas en hojas separadas de papel de construcción.

2. Perfora todas las páginas a un lado.

3. Usa anillos o hilo para atar las páginas.

4. Comparte tu álbum e informe con otros.

SIGUIENDO REGLAS

Es importante seguir las reglas. Tuviste reglas a seguir cuando fuiste en tu viaje del campo. Las reglas ayudan a las personas a estar a salvo.

Sigue estas reglas para revelar el versículo bíblico.

1. Colorea de negro todas las **F**.
2. No colorees las **T**.
3. Colorea de negro todas las **B**.
4. No colorees las **E**.
5. Colorea de negro todas las **Z**.

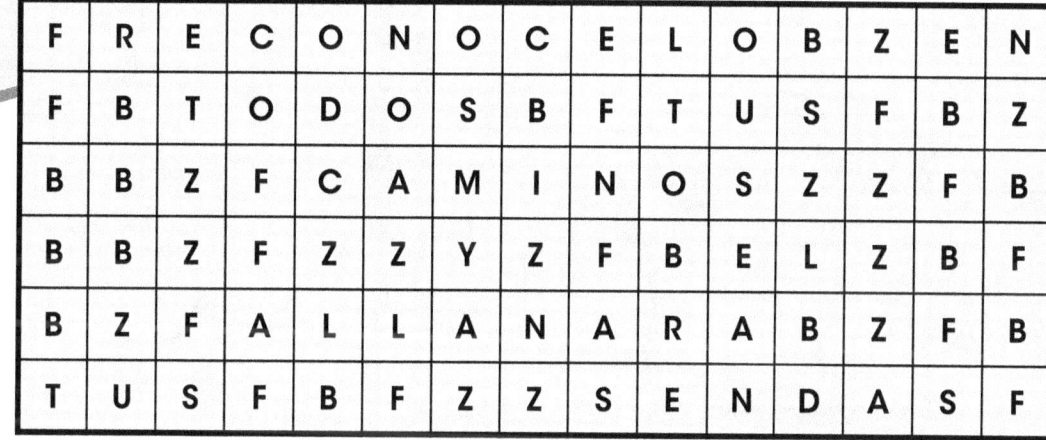

F	R	E	C	O	N	O	C	E	L	O	B	Z	E	N
F	B	T	O	D	O	S	B	F	T	U	S	F	B	Z
B	B	Z	F	C	A	M	I	N	O	S	Z	Z	F	B
B	B	Z	F	Z	Z	Y	Z	F	B	E	L	Z	B	F
B	Z	F	A	L	L	A	N	A	R	A	B	Z	F	B
T	U	S	F	B	F	Z	Z	S	E	N	D	A	S	F

BONIFICACIÓN: Haz notas de agradecimiento para enviar al anfitrión del lugar del viaje de campo, los acompañantes, los conductores, y cualquier otro que haya hecho posible el viaje al campo. Haz copias de las fotos del viaje, e incluye una con cada nota de agradecimiento. Asegúrate de que todo el mundo en tu grupo Investigador firme cada tarjeta.

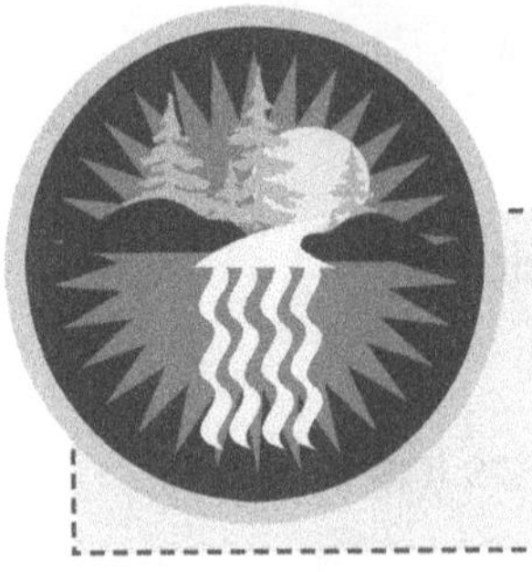

Medio Ambiente

"Lo entronizaste sobre la obra de tus manos, todo lo sometiste a su dominio."
(Salmos 8:6)

Debemos cuidar de la tierra que Dios creó.

¿AYUDAR O DAÑAR?

Colorea las cosas que le hacen bien al medio ambiente.
Pon una X sobre las cosas que le hacen mal al medio ambiente.

RECURSOS NATURALES

Circula o colorea los recursos naturales que se encuentren abajo.

¿CÓMO PUEDES AYUDAR?

Hay montones de formas en que puedes proteger la tierra. Pon una estrella de oro al lado de cada una de las que harías. Luego selecciona una, y has un póster para enseñar esa idea a otros. ¿Qué le puedes añadir a la lista?

- ☐ Recicla papel, latas y plástico.
- ☐ Cierra el agua mientras te cepillas los dientes.
- ☐ Apaga la TV cuando termines de verla.
- ☐ Escribe en ambos lados del papel.
- ☐ _____.
- ☐ _____.

EL CICLO DEL AGUA

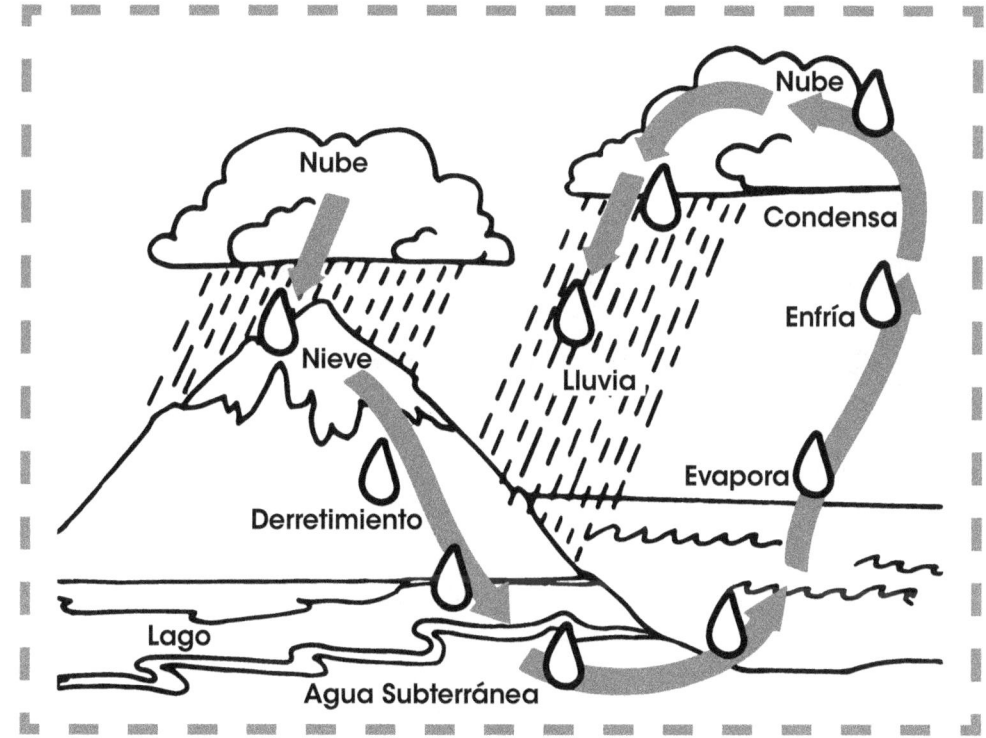

Dios creó el agua. Es importante ahorrar el agua y no contaminarla. El agua que tenemos sobre la tierra ahora mismo es toda el agua que tendremos. Sigue la gota de agua a través del ciclo del agua. Colorea la caída de agua de azul de un extremo al otro a través del ciclo.

Nota: Colorea 10 gotas.

EL BRAZALETE DEL CICLO DEL AGUA

Usa hilo o cinta para atar cuentas en el siguiente orden.

1. Blanco: Nubes.
2. Azul claro: Lluvia.
3. Carmelita (marrón): Tierra (donde el agua descansa).
4. Amarillo: Sol (brillando en la tierra)
5. Transparente: Evaporización.
6. Blanco: Nube

Ata tu pulsera al tamaño.
Usa las cuentas para explicar el ciclo de agua.

¿Cuánta agua lleva hacer esto?

150 galones

650 galones

75 galones

LAS FUERZAS DE LA NATURALEZA

Nuestro medio ambiente es afectado por las fuerzas naturales así como por nuestras acciones. ¿Qué causó cada uno de los siguientes cambios? ¿Cómo pueden ayudar las personas?

inundación

erosión

rayo

BONIFICACIÓN: La energía hace operar nuestro mundo. Aprende más acerca de una de estas formas de energía. Luego infórmale tus conclusiones al resto de tu grupo Investigador.

el ABC de la SALVACIÓN

A dmite que has pecado (hecho mal, desobedecido a Dios)

Dile a Dios lo que has hecho, arrepiéntete de ello y debes estar dispuesto a dejarlo.

Romanos 3:23 - "Por cuanto todos pecaron y están destituídos de la Gloria de Dios"

1 Juan 1:9 - "Si confesamos nuestros pecados, Él es fiel y justo para perdonarnos, y limpiarnos de toda maldad."

B usca de Dios, proclama a Jesús como tu Salvador.

Dí lo que Dios ha hecho por tí. Ama a Dios y sigue a Jesús.

Juan 1:12 - "A todos los que le recibieron, a los que creen en su nombre, les dio potestad de ser hechos hijos de Dios."

Romanos 10:13 - "Todo aquel que invocare el nombre del Señor, ese será salvo."

C ree que Dios te ama y envió a su Hijo, Jesús, para salvarte de tus pecados

Pide y recibe el perdón que Dios te está ofreciendo.

Ama a Dios y sigue a Jesús.

Juan 3:16 - "Dios amó tanto al mundo que dio a su Hijo Unigénito, para que todo aquel que en Él crea, no se pierda, más tenga vida eterna."

www.ingramcontent.com/pod-product-compliance
Lightning Source LLC
Chambersburg PA
CBHW081019040426
42444CB00014B/3268